白象文化

人生途中
總有貴人

我用護理學了解自己

張芳甄 —— 著

溫馨推薦

護理師作家
於是空白

中國附醫
林佐臨 醫師

中國附醫
王明鈺 主任

五股區衛生所
胡秋鳳 護理長

推薦序一
／中國醫藥大學新竹附設醫院兒科主治醫師　林佐臨

　　如果整個家庭、學校、文化、社會，都慣常以一個人外在表現來論斷一個人的價值，那麼每個人的一生必然都得承受巨大的精神壓力，如同永遠背負著十字架，因為即使是正常人，表現也總如波濤般起起伏伏，尤其是華人文化奉行的功利主義，思想是病態中的病態。更何況，有誰是不會生病的呢？人的身體會生病，精神當然也會生病。而且兩者會相互影響，危害一個人的健康。

　　如果一個社會，沒有辦法以健康的心態面對生病的人，動輒以疾病來否定一個人本身存在的價值和意義，這顯然是一個不健康的、病態的社會。

　　我身為一位醫師，職責本當是治療疾病，但以一己之力，面對這個嚴重病態的社會像個大染缸，又像隻大怪獸吞噬著軟弱無力的病人，卻屢屢憤慨與無能為力。但我自己的憤慨對社會健康難道有什麼幫助嗎？——沒有，只是讓我自己也感到挫折，甚至也變成一個病人，精神方面的病人，讓社會少了一份正面力量，又顯得更加病態了一些。

　　一個精神方面生病的人，身處在一個病態社會的大染缸當中，遭受各種暴力和惡意的對待，以及各種誤解和非難，難道不會變本加厲、惡性循環嗎？又或是會選擇冷漠，「哀莫大於心死」嗎？難道真的沒有希望了嗎？先別那麼快下定論。

　　狄更斯（Charles John Huffam Dickens, 1812-1870）在其鉅著《雙城記》（*A Tale of Two Cities*, 1859）開宗明義說：「這是最好的時代，也是最壞的時代；這是智慧的時代，也是愚蠢的時代；這是信仰的時期，也是懷疑的時期；這是光明的季節，也是黑暗的季節；這是希望之春，也是失望之冬；人們面前有著各樣事物，人們面前也一無所有；人們正在直登天堂，人們也在直下地獄。」

　　至少，往好的方面看，精神醫學的進步一日千里，精神病的病人所能獲得的資源和幫助，在現代這個時代，也總是多過歷史上的任何一個時代。一個人的力量即使渺小薄弱，卻總不是烏有。

　　社會加給一位醫師的光環以及給予的期待多於他人，所以我應該正是要堅強起來的人；但我自己卻比任何人都更經常感到軟弱，更需要看似比我卑微、比我軟弱的人的鼓舞。如果天總是不亮，不知黎明何時到來；如果夜空中烏雲密佈，看不到星辰或月光照耀──至少要保護著自己心裡點著的燭火；即使外頭見不到什麼光亮，得先確定自己的心眼並沒有盲。

　　誠實的、坦然的面對自己的內心，審視自己的缺陷和疾病，正是點燃自己內心燭火的不二方法。如果能像芳甄的文字一樣，讓這小小閃爍的光芒，如同螢火蟲的光飛舞在夜空中，使許許多多需要的人也能看見；也許不知夜盡天明究竟是何時，但就增添了一份信心，得以度過漫漫長夜，而不再顯得那麼孤單。

推薦序二

／中國醫藥大學新竹附設醫院身心醫學科主任　王明鈺

　　初見到芳甄是在大家都不喜歡的地方：醫院病房。

　　先前已有醫師交班，是個年輕的孩子，因為藥物過量而住院。我心裡納悶，是經歷了什麼，這個年紀會這麼想不開？

　　在芳甄身上，除了落寞的眼神，也看到了堅毅的精神。因為家庭的關係，芳甄沒有在自己的爸爸媽媽呵護下長大，先後兩個時期在兩個姑姑的照顧下，養成了獨立、照顧人的習慣，即便在自己身體承受著消化性潰瘍及貧血的情形下，還是打起精神去服務、去表現。

　　住院後，芳甄因著發現自己有照顧別人的長才及能力，毅然決定改讀護理，雖然這一年因為情緒的困擾而讓學業中斷，目前她仍不放棄她的夢想，在病況稍微穩定後又開始擔任衛生所和圖書館的志工。

　　在她身上，我看到了不被命運打敗的精神，也看到不因著疾病而自限的人生，這是非常難得的，我衷心的希望芳甄在未來的日子能多照顧好自己，同時也不放棄自己的理想，讓未來的路走得更長久。

　　謝謝芳甄在醫療上對我的信任，我們一起繼續努力！

推薦序三
／新北市五股區衛生所護理長　胡秋鳳

　　很多人對精神障礙的人感到害怕，其實精神疾病跟一般的慢性病一樣，都是身體裡的荷爾蒙不足或過多造成的疾病。例如糖尿病，是慢性病，是身體缺少了胰島素，這個疾病不會好，但好好配合治療，規則用藥，可以穩定控制。精神疾病也一樣，患者腦中的多巴胺、血清素等荷爾蒙不夠穩定，過多或過少都有可能，只要好好配合治療，規則用藥，精神疾病像慢性病一樣可以被穩定控制。

　　但大眾對精神疾病的認知，不足以安撫大眾的恐懼，被冠上精神障礙的人，找不到除了庇護工廠等保護傘以外的工作，初次見到芳甄，已經知道她的狀況，因為精神障礙的個案在社區中的主要關懷者就是衛生所的公共衛生護理人員，在她還沒來衛生所志工面試前，負責關懷的公衛護理師就先詢問過可不可以讓她來衛生所試試志工服務？其實我很認同她來衛生所服務，但對精障個案的刻板印象還是讓我評估了她很久，因為擔心其他同仁不能接受這樣特殊的志工，每次同仁的疑問，我都必須不斷的安撫與解釋，就連公衛護理人員這樣有概念的人，都會擔心與質疑像芳甄這樣的孩子來做志工，何況是一般民眾要接受這樣的孩子工作？

　　所以，這次芳甄說自己想出本書，告訴大家自己罹病的心路歷程，我們衛生所內的同仁都是抱持著肯定的態度鼓勵她去做想

做的事，也希望藉著這本書，讓大眾可以理解我們彼此之間並沒有不同，用什麼心態去看待他們不重要，重要的是跨出那一步去認識他們，期待這本書的出版，能夠改變大家看待世界的方式，透過不同角度看待患者，讓他們成為我們，讓我們互相理解。

自序

　　市面上有許多人寫了自傳，描述獨一無二的人生旅途，如今接到國小老師傳來的訊息，老師說他罹癌並且希望我能把我的故事寫下來激勵更多人。我馬上就答應老師了，第一不想辜負老師期盼，第二前陣子也看了一本名叫《別再叫我加油，好嗎？》的書，發現我彷彿看到一面鏡子，有好多事我也發生過，感同身受，當下突然閃過「我是不是也可以寫，而且作者運用心理學，我可以改用護理學」的念頭，但動力不足，直到老師意外提議，我才著手。

　　一答應老師我就馬上去買稿紙，把店裡的稿紙全包了，當我寫到一半的時候差點放棄，後來某主持人將憂鬱症患者誤解為「不知足」，於是各界開始有人發聲，包括我也在臉書發文，我二姑姑曾因我輕易說出藐視自己的話，氣到把我抓到一樓，叫我看掛在客廳別人贈給大姑姑的匾額，上面有兩個字「惜福」，二姑姑說她每次到大姑姑家都會看那個匾額，要我也多看看——社會對於精神疾病誤解真的很深！我很想要把事實告訴社會大眾，於是我才慢慢地把這本書寫完，同時讓其他病友了解，「原來不是只有我這樣，我的心聲被說出來了」。

　　我在寫這本書的時候回想起好多的事，有些經歷真的很不堪回首，但為了讓有同樣遭遇的人了解，並不是只有我有這樣的遭遇，所以我仍如實交代。其實我還有好多沒寫到，比如我被鄰居通報有家暴，社會局來看，結果我當天晚上必須跟家裡道歉；在

學校同學一看就知道我被打，但我都說別再報了，這樣會讓我更糟，跟老師說時總說是自己跌倒之類的。甚至前幾個月跟父親起衝突，我爸的行為有些許的過頭，別人問我需不需要報113保護專線，我都說別了，因為小時候有這樣的經驗，事情只會越來越糟。

在準備出書的時候，困難重重，比如要找哪家出版社，後來才發現目前大多數出版社是自費出版，還有要印幾本書，要怎樣的版面，出版費怎麼湊？在我募資出版費的同時，很多人都跟我說精神病人不是都會攻擊人嗎？你看起來很正常啊，怎麼可能有精神疾病或者感覺不出來。我真的很疑惑，到底哪個醫學證實所有精神疾病患者會攻擊人？到底哪個精神疾病一般情況下能用看的看出來？而且說真的，有時候我們只是對自己不好，並不是對別人不好。

我很感謝願意幫我分享募款資訊的人或捐款者，出這本書主旨就是要讓大眾別再誤會精神疾病，同時也激勵跟我有同樣經驗的人，彼此互相交流打氣，而這本書我也應用我的所學，盡量書寫的既專業卻又淺而易懂。

目　　錄

第一篇　前路坎坷，我要更勇敢

第二篇　淺介躁鬱症與其他精神疾病

◆ 第一篇 ◆

前路坎坷，我要更勇敢

截至目前，我的人生有遺棄、有輕生、在精神科病房度過許多時日，但我得獎、擔任志工、打工、考上大學（經濟問題輟學中），並對前途抱著無限希望，因為，世上有更多關心我的人，我不能讓他們失望。

二八年華，開始治療人生

「我怎麼在這裡的！」一位住院醫師回答：「妳從急診坐救護車過來的啊！這個問題妳已經問過很多次了。」女孩還是用疑惑的眼神看著醫生並且心裡想著：「我是問我怎麼到醫院的，而且這問題我有問過嗎？」想著想著女孩又昏睡過去了。她在幾天前升旗出公差時，把上上個月去看蔡醫師的藥全部給吃了，因為她認為結果會像電視上常看到的那樣，吃了安眠藥就能到另個世界，現實世界的煩惱就消失了。

這位女孩就是我本人沒錯，那一年是我讀高二的上學期，也是我正式開始治療重鬱症的時候。

也許你會覺得：「什麼，才十六歲就重鬱症，抗壓性也太低了吧！」「一個正值青春年華的年紀就得病，太可惜了吧！」「為什麼就不能樂觀呢？」當時的我如果聽到可能無法作任何反駁，並且責怪自己就是那麼沒出息。但現今的我可就會回答你的問題，不是抗壓性問題，而是你沒考慮每個人從小的生活環境對他的影響；生病一點都不可惜，這讓我更加了解精神疾病，認識更多朋友、病友；我不是不樂觀，我一直以來都帶給周遭的人樂觀的一面，但我內心很受傷的樣子又有誰看到了？

為什麼我的想法會大轉彎呢？原因在於社會的變遷，高壓的社會讓許多人跟著有精神疾病，大家開始注意到這些病人的想法及感受，網路上開始有越來越多的文章、繪畫及動畫，表

達了我們想說的。越來越多人能夠接受精神患者,包括我也開始接納自己擁有這方面問題的殊榮,沒看錯,我有好幾年不相信我竟然有憂鬱症,我平時不是都表現得很快樂嗎?我一直不敢相信。

父母離異，小姑家度過童年

我父母在我出生不到兩個月的時候就離婚了，聽說我媽曾在我兩歲時來看過我一次，但我根本不記得媽媽長哪樣，一點印象都沒有，一直盼望有天能跟她相遇。而父親的部分也沒好到哪裡去，因為我也沒跟他生活，他一直都在台北，我在國小前都住在高雄小姑姑家，國小到高中這段期間則是跟台中大姑姑住。

在小姑姑家，我就像幼稚園版小混混，因為也沒讀小班什麼都不會，後來去了第一間幼兒園，我永遠記得每天的背誦時間，九九乘法我根本不會，更誇張的是，我連一都不會數到一百，因為在那之前我都是一個人待在家裡，大人都去上班了，表姊在新竹工作，兩個表哥在讀書。

有次我一個人待在家裡，竟玩起火柴盒來，把桌墊給燒熔了，屋子差點也被我燒了，現在想起來超危險的。話說背誦時間我每次都被「愛的小手」打，我也不知道為何老師不讓我背《弟子規》，我就只會《弟子規》啊！除了背誦時間，我都很期待每次的音樂課，有時吹直笛，有時吹口風琴，我想我到現在還是那麼喜愛純音樂就是從此時開始，最後在這家幼兒園我學會了數蘋果。

到了第二家幼兒園，我還是像個野孩子，因為這家幼兒園有所謂的運動服及制服，可是我依舊亂穿，有時運動服還混搭便服，為什麼我還記得，因為幼兒園會幫我們拍照，有相片存

證，現在看都覺得丟臉。可是我在這時間開發了優勢，我超會幫忙，幫忙老師拿東西，幫老師跑腿，還最會按摩，後來我也會回家幫小姑丈按摩，只是我會要求姑丈買糖果餅乾玩具給我，但這根本就是一種勒索行為，我有夠壞吧！但也因為這樣，我非常黏小姑丈，我牙齒都吃到整口蛀牙，好險後來是大姑姑帶我去看牙醫，加上換牙，才能把牙齒顧好，我記得有次洗牙，牙醫師就感嘆我牙齒跟當初不能比。

如父如母的大姑姑

　　由於小姑家長時間沒人照顧我，我便從小姑姑家搬到大姑姑家，中間有一段時間在屏東二姑姑家。

　　大姑姑是學校退休公務員，大姑丈則是退休老師，表哥成大研究所畢業，表姊當時還在東海大學讀研究所，這條件看上去，非常完美，但這是影響我這輩子生活習性最主要的關鍵。之所以會改跟大姑姑住，是因為大姑姑學歷在我們張家長輩中最高，也最有氣質。他們希望我也能被調教成「乖小孩」，但可惜他們沒有注意到姑姑的年紀，光是我爸與大姑姑的年紀就差將近20歲了耶！

　　為什麼我會提到大姑姑的年紀，就是因為年紀相差太大，對事物的看法就不大相同，還記得小一時，同學跟同學之間放學了就會相約到家裡玩，在我僅有的一次經驗，我約了生日跟我差三天、座號差一號，總會路過我們家的賴小莉到家裡，結果我忘記帶一個作業回家，只好趕緊回學校拿，而請賴小莉之後再來。那一天姑姑跟我說：「以後不准帶同學到家裡玩，你也不准到同學家裡玩。」所以我再也沒有第二次了。

　　賴小莉曾問我可不可以在到家裡玩，我只能拒絕，可是姑姑每次看到賴小莉經過，就問她要不要來玩，當然賴小莉不敢答應大人的邀約。過一陣子同學就開始有一些話傳出來，像是「不用約張芳甄啦！反正她都不會答應」，我當下真想挖洞躲起來，而且聽了很難過。

小時候我身體超虛，藥還沒吃完就又感染新的病菌，我回家不是在寫作業就是姑姑帶我去看感冒，國小三年級前還要外加看牙醫。姑姑非常關心我的身體健康，在小二那年，我睡醒姑姑都會問我：「妳做惡夢嗎？不然妳怎麼一直在叫？」後來她把我帶去看很有名的耳鼻喉科，那時候我的主治醫師是院長，現在已當上衛生局長了。經過看診評估，原來我有過敏性鼻炎，需要使用過敏藥及氣喘吸入性類固醇，而姑姑聽到的則是喘哮聲，雖然年紀大，但還是有細心的點，也因為找到病因持續服藥，就很少感冒了。

小學中年級的學習和閱讀生活

　　到了國小三年級，我不知頭殼發生什麼變故，想說要重新編班了，應重新開始，那學期成績竟開始進入前十名，漸漸的便到前三名，我期末通知單成績全都優，只有體育跟電腦是甲，因為氣喘太嚴重，醫師評估我不適合游泳課，可能上八次課我只下水三次，但也因為下水次數難得，我每次上課都超認真，一下子就升級，這證明不是給一個人充足的機會就會有最好的成果，反而機會難得，更會珍惜擁有的，表現得才更好。而電腦則是我平時在家也不能玩電腦，打字慢，所以電腦作業常常沒完成。

　　自從我成績開始變好，姑姑就像變了個人似的，管教反而變得更加嚴厲，我一直都沒有補習，只有去書局買評量測驗卷在假日寫，假日寫不完平日再寫，娛樂時間慢慢就消失了。當時的娛樂並不是玩玩具，我到台中時，姑姑只送過我一隻小豬玩偶跟一隻老鼠玩偶，其他玩具則是我剛到台中時，小姑丈怕我不適應來看我時買的，但發現有過敏後便不可能碰玩偶了。

　　我當時的娛樂就是去國資圖借圖書和知識類影片回家，根本不像才中年級的小學生，我在家的空閒時間沒了，只能開始運用學校的時間，下課就往最近的圖書館跑，很開心我們國小有兩間圖書館，其中新的那間是我就讀小三時開的。我也會借書回家，然後睡覺時間偷偷看書（有小夜燈）。不過，新圖書館現在變舊圖書館了，我畢業後學校整修了舊圖書館，台中大

鵬國小就是為學生著想，給學生好的圖書環境，我還記得小時候有閱讀之星的活動，還可以跟校長吃飯，很好的計畫呢！雖然我從沒得過。

小三時人生第一次當志工

在三年級暑假，學校開始開放新圖書館給學生和附近民眾，我也在那時候開始學當志工，剛開始沒想那麼多，只是一個曾經幫班導代過課的退休老師要我幫忙把還書上架，逐漸不知不覺就變志工了。

後來開學了，不變的就是我還繼續做志工，我做出興趣了，我一直做到畢業。也因為在圖書館做志工，游校長跟林組長經常給我小點心，更巧的是，高年級重新編班，打掃區域也重編，我們班剛好打掃新圖書館，還記得選出外掃的人以後，班導要我們趕緊到圖書館報到，教務處的林組長就直接跟大家說由我分配打掃，好像內定好我負責一樣，被信任的感覺真好。而我們學校也一直把圖書館當作招待貴賓的地方，所以我負責了一個聖地，有時候早修會有電話打到班上，通知當日有貴賓，要我先去看一下環境。

小三那年學校真的做太多改變了，每班都還增設電子白板（剛出廠，我們那屆用第一版），我好喜歡電子白板，我認為我突然認真讀書跟它也有關聯，很多家長都直接跟電子產品 Say No，我個人看法則是不能以偏概全，有許多孩子因3C產品而荒廢學業沒錯，但對我這種不能玩電腦、逛網站的孩子來說，這東西讓我好奇電子書裡還有什麼法寶，間接的，我的專注力就在老師教的課程上面（我國小六年級時，智慧型手機才剛出現）。

吃藥並和資源班上團體課

　　學校改變，我學習上也改變，可是姑姑還是不滿意我的學習表現，竟然帶我去醫院看精神科，她認為我回家寫作業不專心，我不知不覺得就冠上「注意力不集中過動症（ADHD）」的病名，而且她還讓我做鑑定，吃「專思達」跟「利他能」就算了，還讓我跟學校的資源班在早修一起上團體課，直到小五，他才簽放棄特殊生身分。

　　當時有同學問我：「為什麼妳成績那麼好，還要去資源班？」我也只能回她：「我是陪他們上課。」這是老師跟我說的原因，直到兩年前我回母校看老師的時候，鄭老師才跟我說，他認為我上課很認真，只是姑姑不認為。我長期都以為是老師跟姑姑說我上課不認真，我誤會了。

　　我藥一直吃到國中畢業，好笑的是，停藥原因是我姑姑認為我可以停藥了（在此聲明：精神科用藥請勿擅自停藥），而鄭老師是一個非常特別的老師，他教我們背《古今背書方法》、《朱子治家格言》、《弟子規》，教我們要行善，教我們課外的東西，如做巧克力、寫書法等。

小五離開又回到舞蹈班

　　小五我又巧合地在陳老師的班級底下，她是我一二年級的老師，可是不知道是因為老師教學方式改變，還是我變調皮，我開始沒寫作業，舞蹈班也因為突然換別的老師來教，把原先葉老師排的舞改掉，我就氣到不去練習，那一次我沒參加全國學生舞蹈比賽，校慶表演也不參加，隊友紛紛來勸我，可是我還是沒回頭，反正在班上可以看書或補作業，我姑姑同時也把特殊生簽掉，姑姑跟我說不想讓我用不同身分升學，希望我努力，我再也不用去資源班了！

　　我國小這麼多年，就五六年級才比較常升旗，只是有點不適應不用去資源班、不去練舞，結果後來學校搞了一週一次土風舞、一次健康操，我被派去學回來教班上，哪知道體育組長紀老師就要我跟她示範給全校觀摩。

　　每次到校最怕被糾察隊登記，不然就是被老師罵，糾察隊中午可以很威風地到處巡邏，所以我不去舞蹈班而去糾察隊，就等輪到我們班值勤的那週，我也可以這麼威風。

　　一直到了六年級畢業旅行，我才又變乖，一切都要感謝黃主任（如今是校長）一語點中夢中人，那一天要上遊覽車，我們班超開心，五六年級不用拆車，可是我也還沒找到人一起坐，想說就跟之前的朋友一起坐啊！結果阿呆的我那一天竟然在遊覽車下面直接答應跟主任一起坐，我竟然不小心忘了同伴，只要人家開口，我通常想都沒想就答應了，更不用說是老

師。所以那次畢旅坐師長區，好處是暈車主任會照顧我，我連續兩天都吐，太丟臉了。

主任後來突然勸我回舞蹈班，他說：「希望在大鵬的最後時光看到妳以前跳舞的樣子。」體育組長也跟著附和著，兩位老師也用期待的眼神看著我，我就想了一下答應了，畢旅完我真的回到舞蹈班了，作業也只好在家寫好。

舞蹈老師把我排進舞曲裡，其實回到舞蹈班是有難度的，不只是要習慣新老師，還有個原因是我天生矮小，被安排的位置常常是正中間，所以也成了最常被罵的那一個小不點。但我現在想想在中間拍照一定會有我，目光也會在我這啊，被罵也值得，雖然當下很不好受——這證明時間不同，看法自然也不同。

市長獎畢業升國中囉

　　終於上國中啦，擺脫國小跟同學爭前三的日子了，也順利拿到最好的市長獎還有全勤獎等八個獎，是全年級領最多獎的，還有唯一不是家境清寒而是以成績優異領獎學金的學生。可是我沒想到我還是跟成績很好的李柔同班，這下有得拚了。

　　新同學程度也不知道如何，所以第一次跑去補習了，結果我不是那麼喜歡那家補習班的氣氛，一進去他們就能力分班，總是拿我跟另一位市長獎的同學相比，但我們兩個真的沒什麼好比，因為擅長的科目又不同，我擅長數學，他擅長英文，根本無法相提並論，可是補習班都會把週考成績公布在聯絡簿上面。

　　這時候姑姑更加看重成績，老是問我為什麼那位同學成績比我好，但她卻會忽略我比較高分的科目，甚至有兩科都一百，這讓我很沒成就感，而那家補習班數學老師喜歡出難題目給我們，答對就有飲料，我同學都說我是去賺飲料的。

　　英文老師則會講鬼故事，這我還能接受，可是他們都很愛講黃色笑話，而我跟其他同學不太一樣，我不太喜歡聽，所以上課就不認真。後來班導師跟家裡告狀，沒想到我後來就不補習了，家裡覺得我補了成績也沒比較好看，我也覺得在學校我都聽得懂，英文總是班上最高，所以當小老師，數學每次老師念完題目不久，我就會把答案講出來，到後來班上就會有人小

生氣：「齁！妳又把答案講出來。」「等一下，不要講答案。」「我們還沒算妳就把答案講出來。」說真的這樣反而有點白目，後來我就沒有這樣了。

三年就拿全國第一的國樂社

升上國中，最吸引我的就是「社團」，一入學就有樂隊表演，所以回到家就看了看社團的名單，哇！也有我一直想接觸的國樂社。想來想去覺得國樂比較少見，而且我小時候看過膠彩畫，總認為畫中演奏國樂的人都好優美又有氣質，所以選了國樂。

但我沒多想到社團費用的問題，因為國小參加舞蹈班要幾千塊，而國中樂隊免費，國樂卻出乎意料的貴，光是禮拜五放學分部課練習時間的點心費，就近萬元，而我當時也是唯一暑假沒參加練習的人。

我同學蔡睿在曲子裡擔任獨一的角色，然後就要參加一個月後的學生音樂比賽，我完全狀況外，只知道我檢測完被分配到揚琴＋打擊組，蔡睿也沒跟我說什麼。（李柔、蔡睿跟我在班上來自同校，我也在國小就認識他們，而他們兩個也互相認識，他們母親都是志工所以認識。）沒想到團練第一天指揮老師要學姐把樂器分攤給我，我糊裡胡塗的就一起去比賽。

結果市賽第二名，接著要準備進入全國決賽，我這才真正有分配到樂器，拿著新的譜在分部課的時候努力練，我也忘了剛開始我是怎麼看懂傳統國樂譜的，這首曲子非常需要默契，尤其最為關鍵的分部非打擊組莫屬了，所以後來指揮老師邱老師親自教導，只要出差錯，不管團練或分部練習必定重來。

剛開始非常挫折，我又是那種容易緊張的人，可是邱老師

有次團練時，直接點名要我放鬆，但他卻沒有罵我，並且跟大家分享他小時候也是跟我一樣的情形，他說完我就有一種心裡的想法都被講出來的感覺。

午休時間國樂社同學可以自由練習，不會的可以趁這時間問問學長姐，而我們社團學長姐制度非常嚴明，可是我就比較沒分寸，都直接連名帶姓叫，後來我有發現這問題所以有改掉，好在他們都很善良，不會計較。

進了國樂社，可說是困難重重，我們早修有兩次團練，可是同學們都在自習或考試，社團課時間也是隔週一次，可是我們跟樂隊一樣，每週都有上課，所以自習時間的考試，總要想辦法寫完。還有回教室的時間也是問題，每次練習結束，總要把個人樂器收好，打擊組有很多樂器要收，不像其他分部的人把個人樂器收好就可以走人，而且打擊組還必須鎖門還鑰匙，自然就會晚回班上，有些老師就會罵人、寫通知單等等。

由於我們社團才成立三年，所以學校老師相較樂隊是不看重我們的，但團員們很努力，才第三年我們就拿到全國第一，並且連續三年，後來政府加上校方爭取，就免費在中山堂表演，後來甚至參與《老師，你會不會回來》這部電影的拍攝。在團員的努力下，有了許多良好的成果，有些老師對待我們的態度大轉變，比如說我們代表學校去表演，隔天老師就會拿點心給我們，讓我們有種受寵若驚的感覺。

憂鬱症的前兆

　　但是我家開始對我參加國樂社有意見，說我成績變差、打擊樂誰都會何必花錢學、影響上課等理由，要我退社。我大受批評，心情、課業、興趣大大受影響，前面有說我是市長獎畢業的，所以姑姑在我國一時經常跟我說：「妳一定要考上女中。」二年級課程較難加上姑姑一直盯我的成績，我就把課業放掉一些，英文原本班上第一的，變有及格就好，數學我就喜歡一算再算慢慢算，所以常常算不完，成績就沒那麼好看了。

　　因為姑姑開始唸我成績，要我不要再參加國樂社，不知何時社團我也愛去不去的，原本的興趣跑哪了？後來有次段考，姑姑要求我段考數學、英文一定要六十分，才讓我繼續參加國樂社，好死不死我恰恰兩科都考六十分，自己都覺得這考出來的成績是故意的。可是姑姑遲遲沒給我參加暑期練習的學費，反而帶我回台中醫院找蔡醫師，我已經差不多四、五年沒看蔡醫師了，都是姑姑每個月幫我回診拿藥的。那一次蔡醫師就跟姑姑說，既然妳們訂的六十分她有達到就應該讓她去社團，最後要結束時蔡醫師表示他跟姑姑都覺得我有「憂鬱症」，當下我不敢相信我有這種病，我就沒有配合談話等等，也不敢再去找蔡醫師。

　　好不容易回到國樂社，可是我卻找不到以前的熱情，也變得常跟組員吵架，都不幫忙整理樂器等等，變得不快樂。之後指揮老師要一個很厲害的學姊教我揚琴，讓我去表演揚琴，因為老師知道我家人一直吵說沒有學揚琴。

我真的好感謝指揮那麼照顧我，為我著想，學姊也認真教我，其他分部學姊也會陪我一起練琴，有如親姊姊一樣照顧我，當初不能團練，我找她們，我哭得好慘，練琴有挫折也會寫卡片鼓勵我，去比賽前一天腳受傷，比賽當天練習時都會幫我找椅子，陪我去廁所，好感動。

　　到這時姑姑已經不要求我一定要上女中，國立的就可以了，為了把在校生活重心放在課業上，到了國三我就離開了國樂社了。

懵懵懂懂的國三歲月

　　國三那年學校數學、理化、英文能力分班，我都被分到B班，不是最好，也不是最壞（每三班分A、B、C班）。

　　數學段考都寫不完才會在B班，理化也是因為寫不完才會在B班，所以我就當數學跟理化的小老師，上課卻不是最認真，有時上課還在織家政課的毛線，老師也沒有沒收，只要我讀得懂，不影響上課就好了，有時A班同學也會找我一起討論題目，我只是算得慢，但並不表示我不會。

　　英文則是救不回來了，讀多少算多少，小考數學剛開始都算幾題會及格我就算幾題，這樣就算了，後來還更誇張，會跟班上成績第二好的同學說好，他算上半部，我算下半部，班上再抄我們的，真的很不優。但說真的，作弊行為大概是從國小畢業考開始吧！國小同學爸爸考試前拜託我把答案給他兒子看，結果他兒子自己沒對到題號沒考好，我也沒輒。國中也是都給別人看，希望老師看到我現在說實話別生氣。以前就覺得別人看我的是別人作弊，是別人，我不算，我錯了。

　　在國中時期，我最小的伯伯身體出狀況，有個堂哥也是，他們都是喝酒喝到出問題，我去年才知道酗酒問題也是會遺傳的，難怪我們家族這麼多人都因為喝酒喝到離開人世。

　　我姑姑身為大家長，就都必須照顧他們，伯伯單身沒工作，住院看診都是姑姑全程照顧付錢；堂哥父親離世，母親改嫁，所以單身的堂哥也是姑姑負責他住院的問題，錢也是姑姑

付。我姑姑只是個退休公務員，而她又要負責張家大小事，夫家也要顧，真是辛苦她了，我也在國中學會煮一桌的菜，只要姑姑不在家，我就必須趕回家煮飯。

開心考上新民電子商務科

　　國中畢業典禮了，但我家人都沒出席，禮物領得再多，再怎麼優秀，讓國小同學母親稱讚也高興不起來，那天下著毛毛雨趕回家煮飯，那種失落感真難受。

　　會考完的成績申請到了一所不錯，成績在前面的私立高中高職部，會考成績出來，我的老師都問我：「張芳甄，你幾個A？」平時模擬考總是A，所以老師們才會這樣問，可是我只能告訴他們我很多+號，並且有個C，他們都不相信，非要我把成績單給他們看才相信，我那次考差了。

　　大家原本以為我會讀高中，可是國三成績沒有很好，所以姑姑又放低了標準，要我讀高職就好，原本我想讀幼保科，可是我父親不允許，甚至動手打了我，那天是表姊結婚，結束後回家裡繼續團聚，當我跟父親衝突時，好多人把我們架開，我最後也只好又照他們的規定不讀幼保，我填了我能接受的商科還有他們說的工科，好險上了新民高中的電子商務科。

　　我姑姑開心我能上新民，所以買了一塊炸雞排給我（我們家幾乎不吃垃圾食物），我也很意外竟然真的上了「夢幻學校」，這間學校高中部成績可以說比公立學校高分。

憂愁的課業和快樂的社團

　　上了高中有好多的專業科目：計算機概論、經濟學、統計學、會計學、會計實務，除了這幾科專業科目還有電子商務概論、雲端處理、程式設計等等，跟以前的學校差好多。但好險，我一上計概課就會二進位，老師就希望把我培育成選手，所以在高一時，老師就給我二年級的書、影音檔，要我自修，先考到二年級的證照，結果兩張都很順利過關，都是進階級。

　　會計學第一次學期成績出來竟然只有十人通過，全班只有五分之一的人過。我會計從沒被當，只有英文其中一科被當，後來補修一次還被二當，真的傻眼，全班五十幾人補修，只有六人補修過，只能說遇到什麼老師也很重要。至於會計，其他的商科、國貿科、資料處理科、電子商務科也幾乎全班被當，補修幾乎原班上課，二當三當死當都不稀奇。高中三年我就只有一次英文兩科沒被當，其他每次必當，好險其他科目還不錯，我學分夠。

　　高中也是傳說中的青春期，所以那時經常跟家人大小聲，心情又不穩定，又有課業壓力（那個一直過不了的英文兩科，會計又看大家都被當），高二那年我又負責全校一百三十幾個社團（新民一個年級差不多二千人，還有國中部，夜間部，超多人）。

　　高二那年我到了社團服務社A當社長，所以兩週一次的社團課，我都要先準備開會資料、社團班級成績、上課巡邏、期

讀書會）的老師也在，才順利換病房，只是家屬沒簽到輸血同意書。

　　從白天搞到晚上，我好累，不管心靈層面還是身體狀態層面，打從通知家屬，我們家就一直很不配合，他們認為我在嫌家裡不夠忙，還跟我說我是唯一清醒的，自己想辦法，我真的很為難。好險醫生夠堅持，即使交班換人了，還是依舊判斷須入院治療，不輕易放人出院。後來換到病房，來了十位左右的醫學生，這是我第一次遇到所謂的實習醫師，這大約十位左右的醫學生又分兩組，第一組人馬先在我的病房一個一個人問，有時還問到同樣問題，第一組問完換第二組進來，也是一個一個問。

　　我到後來頭超暈，直接打電話找平時在診所認識的思語姐姐（那時她還在醫院當實習醫生，她對我很好，我生涯作業要訪問大學生，她直接把我要的資料都寫好傳給我，我才知道她原來是藥劑師國考通過有執照，之後才去讀學士後中醫），然後請她跟那些實習醫生講，我那陣子哪裡不舒服。後來一個看起來比較資深的值班住院醫師（可能是總醫師）進來，第一句話就是：「你們還在問喔！」第一組人趕緊說：「沒有，剛才我們有出去。」我整個人無奈，第一組人出去換第二組人進來啊，而且問題還會重複。資深醫師看了一下，交代接下來的事，就是讓所有醫學生讓我休息，準備輸血。

患難見到師長朋友的真情

　　思語姊姊後來還傳訊息來問，我到底哪裡不舒服？我說我整個人都很不舒服，思語姐姐安慰我，遇到同樣的人詢問，如果不舒服，便應跟醫學生說，我不用勉強回答。（我後來發現有許多病患不喜歡醫學生，更不用說很多的醫學生，其實病人是有權利拒絕的。）過不久思語姐姐還要我跟實習生補充，她說她沒說到，可見她其實很關心我。

　　醫師說輸血時家屬一定要在，我就輸了500毫升的血，後來加裝加壓帶，我表哥急著趕回家還偷偷壓了兩下，但好像沒怎樣。等輸血完家屬回家了，平時照顧我的中醫師診所下班跑來看我，還買甜甜圈和玫瑰奶茶給我，說甜食跟玫瑰可以放鬆精神，住院那幾天，他都會特地來看我，雖然都要等到十一、二點。中醫師對我這麼好，可是西醫師卻懷疑我是吃中藥胃出血，我想是跟平時飲食習慣有關吧！

　　隔了幾天，我們學校主任教官就來看我，還帶了我最喜歡的玉米脆片牛奶給我，我平時也在學校學務處、教官室做公差，所以跟師長關係都很好，好到教官知道國小、國中到高二都全勤，還會問我什麼時候要請假，結果問了兩次，兩次都胃出血住院請假。

　　也很巧，這時立人國小辦活動，祝病人生日快樂、早日康復，就碰到立小校長也就是我大鵬時期的教務主任。下午我的教官也帶了又大又紅的蘋果跟又大又甜的梨子給我，我還開玩

笑說沒削皮。

　　後來胃鏡做完隔天要做大腸鏡，只能喝流質低渣飲食，我國中國樂社學姐學妹的母親就送了亞培禮盒，同學小諼還幫我買衛生紙、豆漿、牛奶給我，結果被護理師看到及時阻止，原來豆漿跟牛奶我都不能喝。

　　我在醫院的幾天，好險師長朋友願意來探望，不然我家根本沒有人能來照顧我。期間剛好遇到聖誕節，有好多教會到病房傳福音，院長也親自至病房發氣球。

　　隔天就要做大腸鏡了，我非常緊張，怕真的像醫師剛開始說的長東西，又怕沒事反而多住院，而且跟胃鏡一樣做清醒的（我家堅持不花八千做無痛，說什麼有風險，曾有個歌星就這樣半身不遂），當日我直接從病床被推進檢查室（因為醫師怕我太痛，有幫我打止痛針配西汀），一進去就看見有一床特別多醫學生，我心裡還想那病人多嚴重啊，二三十個醫學生，哪知道那病人就是我，害我更緊張。圍兩圈的實習醫生看我做檢查，我痛得不斷大叫，後來我才知道為什麼有那麼多醫學生，因為平時看診是給主任看，住院變成給主祕看。

　　住院第二天主任帶學生查房，剛好遇到我，就關照我的病況，主任還帶著他的實習生去護理站調我胃鏡報告，所以那次有超多醫學生，加上很少有孩童做大腸鏡，也因為是稀有患者。我後來其他次住院還遇到當時觀摩的醫學生跑來關心我（剛好他們科室輪調，我也在別科），說他們對我說印象很深刻，就是做大腸鏡還不麻醉，做完檢查沒休息就出院讓他們記得我。（配西汀會想睡，我還記得我在病床上被四個醫師推出來，他們還說奇怪我怎還沒睡著，不是那個藥聽說很好睡

嗎？）

　　出院前一天晚上，大姑姑打電話給我，說我會胃出血就是壓力太大，應該回台中醫院看身心科，我就只好老實告訴姑姑，其實該月初我就回去找蔡醫師了，有開藥。家裡知道後反而生氣，說沒有告訴他們，而且醫師怎麼可以擅自開那個藥給我，當他們這樣的反應後，我就不敢再回台中醫院了。

第一次住精神病房

四個月過去，我又跟姑姑吵架，爸爸在電話裡威脅我隔天要來台中辦休學，我心裡難過極了，突然想到要吞藥。

第二天一早我就把蔡醫師開的安眠藥跟心臟藥（蔡醫師有次突然要我量心跳血壓，結果每次都會談十幾分鐘了心跳卻還是一樣過速，所以開心臟藥輔助）全部剝好放進藥盒子裡，決定在學校吞藥。我在大家集合準備去升旗的時候吞了三分之二（太多吞不下去），後來醒來我人就在急診室了，正要準備換到精神科病房。

因為在病房裡，那是我第一次沒有手機，好不習慣，雖然高一才買智慧型手機（因為我上課寫手機程式，必須測試正常或確認是否正確達到老師的題目要求），但短短一年過去，沒有手機真不知道怎麼與外界聯絡，尤其我記得中醫師要帶我去上有關腸胃的課，他之前為了讓我放輕鬆還帶我去做甜點，我記得那天剛好是我生日，他跟他朋友直接當著所有人的面唱生日快樂歌，嚇到我了，我瞬間害羞，那個醫師朋友還想衝去買蛋糕（沒事前準備是因為他不知道我生日，我那天才跟他說）。他是一位很好的中醫師，他也曾帶我去大坑烤肉，晚上跟公司一起看煙火。

沒有手機，我完全不知道怎麼辦才好，而吞藥後的事全都忘了，所以我才問住院醫師我怎麼在這？那次我一週就出院了。

又住院，啟動慈悲心靈

　　好景不長，隔沒多久，我胃再次出血又住院了，但那次住院經驗深深改變了我的想法，中國醫兒童醫院六樓為幼兒癌症病房，那次剛好病房整修，癌童住到七樓兒童一般病房，我跟他們一起住在四人房。

　　第一天我又在輸血了，有個小朋友看到，就問我還好嗎？（我去廁所路過他床前，剛好簾子沒拉好，所以他看見了，而且我剛好卡在廁所門口，我點滴架太重，一包血袋，一包生理食鹽水，一包葡萄糖），他媽媽看到我這樣，就跟孩子說我正在輸血肯定不舒服，但我沒多說就回我的病床了。

　　這時我聽到兩床癌患母親對話，內容大概是說小朋友因為治療，沒頭髮同樣都不敢跟一般孩子一樣出去玩。我聽了心裡有些許不捨，但我慶幸我幾年前就開始有捐頭髮的行為，而且聽說一頂假髮大約需要五個人的頭髮，而我髮量又是人家的二到三倍，髮質又符合。

　　晚上我又聽到令我痛哭的對話，是我隔壁床的癌患兒童，他治療需同時服用抗癲癇藥物，吃什麼就吐什麼，好險那天醫生幫他換藥不再吐了，可是我晚上聽到他跟媽媽說：「媽媽，我希望我以後有機會可以吃到哆啦A夢最愛吃的銅鑼燒。」他邊看著影片邊說著，他母親回答他：「不用以後，只要你想吃我馬上買給你。」

　　我的眼淚像被打開開關似的一直流淚，心裡想著，孩子竟

然連銅鑼燒都是希望，而他母親的話透露了不知孩子能抗癌多久的心疼，這時我突然內心好想幫助這些孩子，可是不知如何下手。

出院後我有次到腸胃科回診，巧遇其中一個癌童，就是關心我的那位，而且他不只關心一次，後來有天我一早就離開病房去做核磁共振、電腦斷層等檢查，晚上那孩子就問我去哪裡了，我只回答他去做檢查了。那天他在診外大哭，他母親跟我說醫師懷疑狀況不佳，要抽血檢查，我過去問那孩子是否還記得我，並且也秀出我剛抽血的地方，用同理心跟她說話。

從服務教育到立志考護理科

　　三天後我回心臟科的診（二尖瓣脫垂、心悸及心跳過速的問題），醫生知道我在家會幫忙照顧表姊的小孩，再加上我常做志工，那次我也剛好到中國醫做服務教育學生（由於受訓時表現優良，以第二順位自由選擇在哪排班，我考慮很久，決定在兒童醫院注射室），醫師就問我怎麼沒去讀幼保或護理，我說家人反對幼保，護理則是當初報名台中科技大學五專部落榜（當初家裡對我期盼還是很高，所以才會報名分數最高的中科），可是我大學可以試試考考看，我才想到要是我讀護理，我就有機會幫助那些癌童。

　　做服務教育學生的時候，學姊會跟我們聊聊，當她們知道我有意讀護理，有些人反應是勸退，有些則是鼓勵。這期間我看到有健康的幼兒來施打疫苗，有早產的嬰兒回診，有的孩子一次就學會站著量身高體重，我用貼紙轉移他們的注意力，有些就成功了，家屬看到成功也開心的不得了，讓我在服務時有成就感，也有小孩嚇到直接衝到我懷裡抱著我哭（我蹲著），爸媽也對這反應感到傻眼。

　　當然，服務期間也有差點被投訴的不好經驗，有一次我看一位小孩適合站著測量身高了，但孩子還沒準備好，阿嬤就把他放到機器上面，小孩就嚇哭了，我只好讓男孩進來躺著量，沒想到只是稍微掙扎哭鬧，阿嬤就準備把他抱起來，我正要說：「阿嬤，不可以，不量會有藥劑量的問題。」結果講到一

半，阿嬤就罵我：「妳這是服務人員的態度嗎？」我跟男孩母親傻住了，這時護理師學姐就隔著簾子叫我別放心上，要是我之後走護理之路一定也會常遇到的事。後來阿嬤好像還跑到診間抱怨，診間護理師學姐還過來問，好險，注射室學姊幫我解釋了。

　　服務期間還有一件事讓我難忘，有天早上值班，我早了十分鐘到，一進到診間原本鬧哄哄的，所有學姊就說：「學妹來了！學妹來了！」我就被一個學姊帶到隔壁診間，原來是她要考試打皮下注射跟卡介苗，剛開始我還以為是假的，沒想到是真的打針，我還給他打兩針，超痛的（但我的分數滿高的，哈哈），其他護理師有些還把診間鎖起來（還沒開始看診）避免被抓去打針，沒想到不是只有在護理學校會出現互相施打的情形，職場上也有。

　　後來的服務期間，學姊們都特別照顧我，當然我也比較肯做事，情人節阿長也送我金莎，隔天學姊也分一條巧克力給我，別的教育學生可沒有喔！而且他們叫其他教育學生為弟弟妹妹，叫我則是：「學妹！你進來幫忙一下！」幫忙固定小孩，有時候是小孩力氣太大，家屬無法固定，有時是家屬自己不敢看小孩打針，其他教育學生就只有量測身高的服務（注射室的班）。還有就是，「芳甄！妳明天可不可以來值班？」我後來問了一下，在醫院學長姐就是尊稱，學弟妹是上對下的尊稱，不管真正身分是什麼。做教育學生對我來說除了加深護理的學習，還有個好處，即使不是回診，在路上遇到腸胃科主任他就會主動關心最近如何，雖然他不再是我的主治醫師了，他還是會跟主祕討論我的病情該怎麼治療。

精神病房住院檢查被打針

　　我的身心科王醫師認為，腸胃科怎麼沒檢查出生病的原因，於是安排我暑假去住精神科檢查看看。時間很快得就到了暑假，於是我住進精神科病房，說好了只住四天（我發現其實有很多人都是為了騙保險，裝失眠之類的硬要住院，導致真正有住院需求的病患沒有床位，這現象真的讓人直搖頭）。

　　我住進去的隔天一早，主治醫師王醫師就跑進來說：「妳上次腸胃科住院，血紅素只有8耶！」所以輸三袋血啊，因為前一次輸500毫升隔天又從12降到11，所以這次輸比較多，輸750毫升。王醫師說要抽血檢查，第二天一次抽十三管，我跟護理師都很驚訝，那次住院共抽二十一管血，超酷的。

　　王醫師也請血液腫瘤科白主任會診，檢查結果我有地中海貧血跟缺鐵性貧血（正常女性鐵最低值應該66，我只有9）加上胃出血才那麼低。原本家裡只知道有地中海貧血，還說媽媽是客家人傳給我的（客家人是蠶豆症好嗎?!）直到某年過年三伯打臉我爸說，堂哥、堂姊也有地中海貧血，所以是張家有遺傳基因。反正我就必須吃高劑量鐵劑。

　　那次住院出了小問題，那陣子我都在吃「心律錠」，這藥容易引發氣喘，而我本身有氣喘，就在出院前一天好死不死發作，第一次到護理站反映，我的住院醫師就吩咐當日主護趕快拿氣喘的類固醇給我，結果沒效（我想，大多吸入性類固醇應該是保養型，急性發作的時候應靠針劑等方式解決），我變成

呼吸過速，其他護理師發現後就把我帶回房間調整呼吸，調整完主護才出現，然後量血氧是正常的，主護就說我是不想出院裝的吧！

我氣噗噗跟她說我住院前就說好住幾天，我上次住這裡（精神科）說胃痛也沒處理，我一出院就出血住一般病房，這次還懷疑我裝病。主護竟回我，上次不是她照顧，不關她事，

我氣得找主治，我就被打鎮定針了，我的實習醫生跑來關心我，可是我氣到一直哭，他只好隔天星期六再來看我（我下午才出院），假日特地來看我耶，其他有些病人就說我被打的那針值得了。被打針的那個晚上住院醫跟晚上的主護不斷安慰我，說主治會跟醫院呈報，請護理長寫報告。我隨口說，可是其他護理師人很好，所以後來就沒處理這件事了。

跨考護理的高三生涯

　　我的精神科病情穩定將近一年，而這一年我決定堅持報考護理系，我去了三元補習班，剛好認識其中一個護理老師，他跟主任幫我很大的忙，補習費也直接減免，而且還讓我分三期，不然我爸怎麼忍心一次花那麼多錢？

　　一個月後主任還讓我兼任藥師班班導師（星期一到六補習，週日剛好沒課，而藥師班就只有星期日上課），這班學生都是中國醫藥學系大三大四的學長學姊，只是我等所有課程結束才讓他們知道我比他們小，平時他們都叫我老師或姊姊，剛開始我有點不習慣，但補習班還是建議我不要讓他們知道。我非常喜歡這些學生，都很有禮貌，而且出席率比前屆好太多了，還有他們有時候看我忙，就會在下課或結束時送我巧克力或手工餅乾，超窩心。

　　主任也對我很好，有時我還沒到班，他就會先幫我點名，有時也會買飲料給我，薪水比較少的時候兩位主任就會給我零用金。同事我會請他們協助我，比如我必須在第二位講師來之前去吃飯（中間下課同學吃飯時間我必須準備上課用品等事）、請專門錄影的人在前一小時來我班上（有視訊班、雲端班、補課，所以需要錄影）、請櫃檯人員等我到晚上八、九點下班才下班，三元對我很照顧，謝謝在三元的人、事、物。

　　高三每天都有爆炸的課業，有一堆作業報告、考卷當考試或功課、還有每學期的段考、學藝競試及模擬考，考大學的日

子愈近，班上讀書氣氛愈是兩極化，認真的人認真，不讀書的人越廢，我則是偏讀書的那邊，只是有時真的太累了，常常在課堂上睡著。

前兩年，下課時間大家都會搶著去學校的7－11，我們校內有兩間，一間小的主要是給國中部的，一間大的是給我們高中職的，功能跟外面7－11沒什麼不同，領貨也行。到了高三，我們班幾乎全班在睡，吵的人反而被罵。

因為我是跨考生（我應考商管類還跨考衛生與護理類），所以比較沒有把心思放在學校上課複習，我跟經濟老師最有「緣」，常常被他抽籤抽到要上台寫公式，我經常答不出來就被罰寫，還有些老師很討厭我這種跨考生，說：「你有能力跨考，就表示你本科目都會。」那種老師對跨考生總是嚴格，還有最後一種老師，我們班不爽三年，就是每次大考就開始比較成績，老是把甲班看成資優班一樣，常常唸我們。而考試的部分常常都是學校大考完，隔天就模擬考，模擬考我當然考衛護，可是我常常不知道該讀哪科，即使衛護再好，本科沒畢業有什麼用。

生日隔天吞藥住進精神病房

　　重鬱症一直穩定到三下開學不久，而下學期就會遇到生日，長久以來我都不喜歡過生日，我總認為我是不被愛生下來的，因為我看戶籍謄本我晚報出生，過不久我父母就離婚了。

　　三下那年生日當天，我第一次收到很多禮物及蛋糕，我表面及當下真的開心，但還是壓不住心裡認為不被祝福的想法。隔天一早我就請教官陪我走去急診，請醫師幫我打針，後來我就睡著了，醒來的時候姑姑就在旁邊，而我卻還是有股想吞藥的衝動，沒想到我竟然把姑姑支開，請她幫我裝水，然後也不知道怎麼，一下子就把七十幾顆藥剝好乾吞，並且我的病床前面就是醫師的看診位置。

　　吞完就跟上次一樣失憶了，上一次校護說我去找她時已經胡言亂語了，而這次住院醫生跟我說，他剛好來看我，我跟他說我吞藥，並且拿著藥包裝，好幾排都空了，醫師們都以為我預謀好的，其實沒有，發病時就是會有個不顧後果的想完成，並不是故意的。

　　於是我又住進精神科了，這次因為我原先的王主治跑到新竹分院當主任，所以他台北、台中的診變兼任醫師，住院換了一位廖姓醫師來照顧我。我在醫院期間老是待在床上，不跟著參加職能治療活動，而那次住院我學妹也住院剛好有個伴。

　　我跟學妹前幾個月才在保健室認識，我高三開始在保健室幫忙，想說我要讀衛護，可增加護理知識，校護對我很放心，

因為我曾在中國醫服務過，下課人太多，我會幫忙處理傷口。我還記得國小時護士阿姨說我不可能當護士，因為每次同學在擦藥反而是我在喊痛。

我學妹經常不舒服來量血壓，有次校護跟她說不舒服就去看醫生，她說醫生只有禮拜五有診，我就好奇問他是看哪位醫師，中國醫哪位醫師這麼特殊，我怎沒注意過？畢竟我在兒醫值班過（18歲以下歸為兒科，但精神醫學部例外，可以看成人的），她才說是陳住院醫師，他是我王醫師之前的住院醫師，我一聽到就一直抱怨他都不照顧我。

就這樣我跟學妹在學校認識了，也剛好此時都住院了。

住院嘗到家庭幸福及領獎

　　住院期間，我除了在床上做自己的事，也會跟學妹聊天，學妹知道我生日剛過，還請家人買蛋糕，她們家對我很好，她母親還把我當乾女兒，姐姐也很照顧我，後來我還跟他們家人一起慶祝母親節，讓我體驗有家的感覺。

　　可是我會要求學妹至少花一個小時的時間陪我讀書，都不知道我這樣對她是好還是不好，她讀商科，所以她住院剛好就帶了計概跟會計，這都是我擅長的科目，所以她不會我就教她，不然她沒去上課怎麼會？

　　高三學校上的是複習，而且我又跨考，所以沒上課沒差，但只要高三段考跟模擬考我都會跟醫院請假外出回學校考試，段考我只要去半天一次考完（同學考三天），而模擬考就必須全國同步，所以廖醫師會讓我請一天半（醫院請假外出規定就是一週最多兩次，一次四小時）。

　　還記得有次模擬考第一天，學務處把我叫去，拿了一份公文給我，原來是隔天要去市政府受獎，那個獎我當初只是想拿到書審通過就有的服務獎就好，沒想到除了服務獎我還拿到前一百二十名的奉獻獎。那次參賽者約四千人，我順利脫穎而出，奉獻獎到市政府領獎，貢獻獎則是到總統府受獎，除了獎牌、獎狀，還多了一筆用得獎者姓名捐贈到指定機構的萬元獎金及出國研習的機會。

　　我當天趕在廖醫師下午查房的時候回去，拿政府公文問他

明日是否也可以請整天，早上考試下午去領獎，廖醫師竟毫不猶豫地答應了。

　　廖醫師也是一個非常用心的醫師，他知道我要考健康與護理專業科目，住院期間他會在實習醫、住院醫一起查房的時候問我一些基礎醫學的問題，他其實是在幫我複習專業科目，可是我就會在心裡想，住院醫跟實習醫都在，不是應該問他們嗎？於是我就不知不覺住了兩個月的院，出去剛好考大學。

統測、住院、無緣的畢業典禮

　　努力了八個月，終於來到了統測的日子了，我非常緊張，畢竟別人花三到五年的時間應考，我只花了八個月，補習也沒補完，花了兩個月的時間住院自修，所以很擔心準備不足，而且跨考就沒有跟大部分的新民人在同個考場，但是有個人默默地陪伴我，那位就是我的姑姑，很感謝她在這個時候選擇支持我。

　　第一天考得好像滿順的，到了晚上我卻有種想自傷的感覺，只好去急診打針休息，我去急診打針那麼多次，第一次被安排到急診的保護室，那天可能藥劑比較重，所以很快地就睡著了，幾小時後姑姑把我叫醒，準備回家，隔天還要考試，所以請醫師讓我先回家。

　　好險，第二天比較晚考試，第二天我也忘記是什麼原因跟我爸聯絡，說著說著我就哭了，並且生氣，眼看休息區越來越少人，大家紛紛前往教室準備考試，而我卻不去，反正電話裡爸爸講了有關憂鬱症的事，還跟我說就算考上大學他也不會讓我念，後來姑姑打電話給我爸，最後我還是被推去考試了，可是我沒心思寫，所以都亂猜。

　　考完大學就按照之前答應廖醫師的安排，回去住院，這次輕鬆多了，不用擔心考試的問題了，只等學校畢業典禮，可能是壓力釋放了，所以心情就比較輕鬆。但我完全沒發現我有什麼改變，朋友漸漸的都不接我電話了，而藥物也一直加重，甚

至吃了兩次備藥（有人吃了就能睡）、也吃了睡前藥，我劑量很重，連續兩天不同護理師在給藥時說我藥重，再打三隻針，卻還是可以走來走去，那時我成了重度躁鬱症。

我完全沒感覺自己病了，只認為是藥的副作用，變得超會吃，不是餓是嘴饞，吃完便當（以前只吃半個）又吃泡麵再吃兩包餅乾，直到睡著，一個月內胖了二十公斤，難以想像我之前過輕。

那一次住院廖醫師幫我申請重大傷病卡，一下子就通過了，可能太嚴重，那次住院廖醫師都不讓我外出，連畢業典禮都錯過了，難得我能領獎，只有二十分之一的人有機會得獎，我卻錯過了。

就這樣我又在醫院度過兩個月。

推甄上大學與打工波折

　　出院後就去面試找打工，我面試的第一個地方是一家滷味店，結果老闆看了我的資歷，嫌太好，他們環境不適合我，我應該找診所、藥局、櫃台的那種。聽他這麼說，我突然想到我有個中醫師朋友最近自己開業，手機一查，距離滷味店走路八分鐘就到了，想說去看看，結果真的讓我在那邊做傷科助理，可是一個月過去後，朋友就說他們要找正職的，我只好失業了。

　　因為我推甄上南部的學校，我又找了一個禮拜的工作，找到一家補習班的電訪，做了一週沒明顯業績，所以被辭了，剛好我之前報名的BLS（基本救命術）跟BTLS（基本創傷救命術）開課，就暫時放下找工作去上課，最後順利拿到兩張合格證。

　　經過多次資遣，我沒什麼期望找工作了，去7－11應徵的一家老闆說他們要長期的，但他認為我的資歷很好，就當場打電話給別家7－11推薦我，但我能上班的時間只有兩個月，所以也沒辦法聘用我。

　　後來有個人力派遣公司讓我去一家科技公司當作業員，我記得好像工作的第三天（白天我有設定未接來電訊息回復，下班時間再打），晚上十點接到警方的電話，原來我上次住院的時候有一陣子都會要求吃備藥，後來醫院就問我怎麼了，我才告訴他們我正在讀護理課本，這一章節主要在講性侵害與性騷

擾，我小時候住高雄的時候都會被小表哥性侵，這是我一直沒說出口的事情，醫院社工師就通報了（這是公訴罪，我無法阻止），警方說某一天必須去做筆錄，他們會載我去，所以只好跟公司請半天假。

可能那陣子上班太累，我都六點多出門加班，回到家十一點，所以有一天上午在打盹（不是只有我會打盹，而且我只有那一次），班長就允許我當日不要加班了。

我回家路上經過戶政事務所，我這陣子總會在網路上看到有人去查就找到父母，雖然我是抱著嘗試的心態，但真的找到母親資料，後來我就跟母親在臉書相認，她預計下週假日來台中看我。

下週二下午要看身心科，哪知道我當天下午請假就被通知被辭了，原因是上週某日精神不濟，可是我當天還有收到隔天班表，打電話去問，竟叫我隔天去上班，後天才辭。我有點生氣，又不是只有我打盹，而且我只發生一次，我產品完成效率非常高，班長還在我旁邊比速度，我比他還快，而且我交出去，他還全部拿回來檢查！常常打盹、聊天的都沒被辭，可能我請了兩次假才是主因吧！

疼我的小姑丈過世

　　看診的那天我告訴醫師我吃了帝拔顛（DEPAKINE）四肢腫脹疼痛，去高雄時在路上遇到一個自稱急診醫師的男士，叫我去腎臟科，我告知好像是吃這藥導致的，醫師才說很有可能，所以想把這藥停掉（之前沒吃過，出院時廖醫師突然開的）。此外，也把工作狀況跟找到母親的事告訴了醫師，醫師建議我還是告訴姑姑我找到媽媽，姑姑叫我自己告訴父親這件事，後來我誠實的告知父親，父親並無反對，他說我本來就有權力跟媽媽相見，而且我都成年了。

　　隔了兩天，姑姑突然告訴我小姑丈離世了，晴天霹靂，前一個月我推甄上了第三階段分別是美和及輔英，輔英在高雄，所以我剛好可去看小姑丈，去看的那一天，小姑姑在長庚大廳打電話問大表哥，病房在哪等等（因為太遠，小姑姑沒有去照顧姑丈，而且小姑姑要帶孫子），小姑姑說早上醫師跟表哥表示可以安寧，我馬上跟小姑姑說，我後來讀護理，我支持安寧，小姑姑說他沒意見，可是三個孩子捨不得，所以就沒有答應醫師。

　　一到病房，姑丈一看到我就緊握我的手，可是小姑姑問他我是賴某（我表姊）還是張芳甄，他意識不清，沒準確回答，而且他滿口都是血。要離開病房時，小姑姑要求我去跟姑丈說些鼓勵的話，我搖頭，小姑姑知道我不敢面對，就對我說：「那妳以後走護理，會遇到更多，怎麼辦？」

　　我接到消息後，要求小姑姑讓我也送最後一程，可是他們堅持簡單，我跟小姑姑說，可是小姑丈很疼我，小姑姑說小姑丈對每個人都很好。可是大家都不知道幾年前他發病住院，竟然打電話給我，但因為我要夜服就沒跟他多說，我好後悔。

稍縱即逝的母親

　　終於到了假日，跟母親約相見的時間到了，我準備了康乃馨送她，雖然不是母親節，但花店老闆提醒我，康乃馨最適合了，想想也有道理。

　　見面過程中母親把當年的事告訴我，而我那時才知道跟父親同居的阿姨是母親的親妹妹，也就是親阿姨。然後她提醒我有沒有溶血性貧血，她跟異父同母的哥哥都有發病做手術，異父同母的姊姊跟我目前還沒發病。還有，她在離婚不久就發現乳癌二到三期了，要我注意有沒有遺傳到。後來我要求母親陪我去買衣服。

　　時間很快過去，母親要趕回桃園，晚上母親傳來消息，要我們別再聯繫。我承受不住，小姑丈才離我而去，母親好不容易才盼到，結果是這樣的結局！於是我想自殺，我把藥都準備好了，傳了照片給母親，結果母親跟姊姊就封鎖我！

　　我真的認為生無可戀，想說我也達到我的目標考上護理系了，而且是推甄上的，並不是等分發，所以我真的把藥給吞了。

　　等我醒來，身上穿的不是一般的病服，是有條紋的，這時我心理低落想說我怎麼被救回來了？後來經過評估，當天我就可以從加護病房轉重症一般病房。

鬼門關前走一回

　　過了幾天，毒物科主任（我的主治）決定我可以轉到精神科病房，正好那天我開始發高燒，精神科醫師就說我必須退燒了才能轉病房，所以我又吃了幾天的退燒藥。那幾天半夜十二點也有退燒藥，差不多一個禮拜才轉過去。

　　轉到精神科前幾日還是需要吸蒸氣（因氣管受傷），轉過去那時醫師跟我姑姑談整個經過，姑姑說吞藥那天是要叫我吃晚餐，一小時過去她才發現我沒反應（她在我房間玩電腦），這才驚覺我吞藥（我當時稍有意識告訴她的，她問我是不是又吞藥），於是就叫救護車，但到院前瞳孔已無反應，發命危通知，姑姑只能跟醫師說能救就救，但完全不知道我有插管，會知道是因為我在重症一般病房吐痰有血，醫師才告知插管傷到氣管。

　　於是我又待在精神科了，這次主治醫師換成蘇主任，他認為之前廖主任開的藥太重（但我出院時王醫師已經幫我減過好幾次藥了耶），所以他又把我的藥給簡化，可是因為這樣我幾乎每天都睡眠不足（護理師查房甚至會問我幾點要睡），但醫師還是不願加藥回去。

　　沒想到我住到第二個禮拜的時候，樓下病房多人中流感，於是護理師發口罩要我們這層樓大家也戴上，職能治療也暫時停止上課（因為平時為兩層樓一起上課）。沒想到還是有一個被傳染到，所以他就被轉到樓下病房，我還記得那天晚上還跟

一位護理師說，我沒這麼悲哀，我前兩年都中標，今年不會那麼巧啦！

隔天一早大家量基本生理狀態，我體溫正常，可是就在十點多，有個很關心我的護理師要求我別一直躺著，應多出來大廳活動，我回她我很累，她就想說量體溫看看，結果正常，但有偏高，一小時後又幫我量，37.9度，於是他們要求快篩，是陰性，但他們還是要求我轉到一房去。

我跟一位二三十歲的大姊住同間，其實不只我跟大姊發燒，還有兩個人發燒，那兩位都是阿嬤，其中一位很嚴重所以在治療室，另一位阿嬤則是血氧不足也必須到治療室使用氧氣。後來我體溫都超高，一天吃十幾顆退燒藥（不只一種退燒藥），比大姊嚴重，後來醫師還是給我吃克流感，護理師本身也預先投藥（後來護理師也很多人中獎，到後來甚至一整層樓只有一位護理師上班）。

隔了幾天我狀況還是不好，溫度很高，血壓、心跳都很不正常，唯一血氧差不多，但都95及格而已啦，其他沒感染的患者也被規定沒事待在自己房間裡，而我跟大姊則是別想踏出病房，用餐是醫療人員幫我們拿進房間，而他們進來都要穿隔離衣、手套，我都認為著裝時間比查房時間、量生理機能還久。

護理系新鮮人

一個多禮拜，快兩週，我終於退燒，我急著回大學上學，我已經請假一週了，很怕跟不上進度。都忘記我的藥還沒調好。

到了大學，才發現只有一個是五專轉大學，我跟另一個是衛護類考進來的，其他人都是學測進來的（護理系好像統測只能用衛護類申請），所以我又給自己壓力，我就想說我必須比其他同學好，但心裡又明白其實自己是跨考生，也可以說我不是本科生。

因為請了一週假，我解剖學平時考成績缺三個，不能補考，而解剖實驗課則是認識骨頭跟肌肉，我們學校骨頭又是真人的，還要觀察人體各種切面。生理課我倒認為跟得上，因為當時教的就是我考大學時的基礎生物學，甚至我認為以前上的還比較難。

段考前老師考了兩張卷子，一張屬於學科平時成績，一張屬於實驗課平時成績（因為兩次實驗並不是大家都親自參與）。上大學我目前最難忘的就是生理實驗課，沒上多久我們就準備解剖青蛙，當初老師問有沒有人願意解剖，班上就解剖三隻，其中一隻助教示範，另兩隻三位同學來解剖，我就是其中一位。

第二次實驗課是驗血，實驗前老師說捐血的有加分，但還是沒什麼人願意，反正六組就一組派一人，當天老師又問誰會

用採血筆，我又舉手了，結果跟我之前學的不一樣，另一個同學也不會，教授也不知道怎麼用，還派同學去找助教，就在這時我稍微看了說明書，因為是英文我只看圖示，我就會用了，結果哪知道有些人實驗不小心，沒有把血液加試劑處理好，所以必須找第二人捐血，當然包括我這組，只見沒人敢捐，我就跟老師說讓我來，老師還驚訝我敢為自己採血。

校園課業兩三事

在段考前遇到一次假日補課，我的室友都是乙班的，他們調課，所以我一早出門上課，下午回去她們還在睡，過一陣子大家都醒了，我只是隨口說說：「走啊！海生館。」沒想到我們真的出發了，先去車站租機車，剛好兩人有駕照，後來發現海生館下午就關了，所以我們先回宿舍拿衣服，然後去墾丁住一天，隔天再去海生館。

後來有次去買東西，就突然講到生理考卷試題，於是我就傳考卷到宿舍群組，結果她們注意到的卻是我的成績，我只能跟她們說因為以前讀過才會有那麼好成績。確實，我們班大家兩張考卷也都考差不多40分，而我意外考到60跟70，室友就說我偷讀書，我就反問他們，你們有看過我讀書嗎？這才結束這話題。

期中考前一週，我上課開始會打盹，工讀空閒時間趴著休息。原本剛開始有兩份工讀，一個是美和幼兒園，當初我跟園長說我幫忙就好，因為我上課空堂少，而且學校輔導室我有在工讀，沒想到園長硬要安排我，後來有別校見習生，他就把我給辭了。

空閒時休息，但行政老師叫我時，我會馬上起來，老師也注意到我雖累，可是睡不深，輕輕叫我就醒了，或者下午課上完我一回宿，就開始睡了，但又有時整夜沒睡卻又不睡。我知道我精神科的問題又出現了，那時急著出院，藥沒調好就趕著

出院。而且我經期亂掉，才結束一週就又來，連續來了三週，是靠藥物才停的，我想可能要期中考了壓力大。

　　期中考我們班考最久，科目也最多（有些可以不用期中考，比如電腦課，其他班都不用考我們班卻要，人家考四天我們考五天），只有某些科目才三班同時考。大學段考讓我印象深刻的是，同個班級卻分A、B卷，題目相同次序卻不同，用這種方式防止作弊，可是說真的，能作弊的題目也很少，因為幾乎都是填空、問答、申論。

　　我國文竟然100（有加分題啦！）但還是覺得不可思議，因為國文是申論題，還有要解釋課本上沒寫但課堂上老師有講解的言詞意思。心理學就我們班不能看課本考，不公平啦！但好險我過關，期末成績出來，我們班導很氣，因為所有科目都及格的只有幾個人，更氣的是有人電腦沒去考還及格（這我也很氣，因為我只有80幾分，以我做的成果不應該跟一般的同學差不多啊！我高職文書簡報方面很好，所以我有用一些老師沒教的技巧）。但我總平均還有7、80，我蠻意外的，因為解剖跑台考我題號對錯，所以只有10分。

請假住進精神病房

學校負責我的兩位心理師（一個負責個管，一個負責諮商）都要我跟醫師好好談，後來屏基的醫師同意我回台中看，假如要住院調養他也認同回台中住，沒想到台中廖醫師經過評估馬上幫我排床位，我後來告知班導，班導很氣：「妳應該跟醫師說妳沒事，妳很好，很快樂，為什麼要住院呢？」我同學有人也跟著附和著。我非常難過她們這麼說。

室友知道後很不捨，因為我有可能請假太久會被退學，所以假如快超過請假時限前我就會休學。有天室友說要去KTV，然後他們請我吃炸雞，因為我們感情很好，我要去台中考試她們三個也會陪我，然後順便旅行，所以感情越來越好，有人生日我主辦，晚餐我要偷煮也會煮他們的份，消夜也是（宿舍規定不能煮東西，但108學年下開放一樓可以煮，那時我已經休學了）。因為種種原因我跟室友很好，所以也會不捨。

後來去了醫院，沒想到第二週我就發高燒，也是做快篩，一樣陰性，但這次沒有隔離，一週就退燒了。我有兩個室友幫我送東西回台中，還有實習服試大小，實習服是量身訂做的所以是手工，當然有時會不小心有誤差，有件褲子比較大，但想說讓她們拿回去麻煩，到時再改就好了。我請室友從我衣櫃拿口罩（我只帶一包去醫院，根本沒預料到會發燒，結果用完了），結果室友直接拿她的給我，還帶我外出領護士鞋（跟廠商講好人不在屏東，醫院附近有分店）。

又過了一陣子，我像變了一個人似的，跟病友吵架，會自傷、自殺，所以這次經常被帶到治療室約束，沒進保護室是因為我在裡面還是會自傷。過沒幾週我又發高燒了，我當天早上該量血壓了，感覺爬不起來，隨口說不舒服，那次剛好遇到不錯的護理師就到我病房量（有時護理師會以拒量結束，有時護理師會親自到病房量）。很巧我發高燒，一樣又是快篩、陰性，但這次馬上幫我吊點滴打抗生素。第一週我都忘了發生什麼事，可能就真的像隔壁床病友跟他主治醫師說的：「她上個禮拜根本死在那裡。」那位病友的主治醫師是我以前王醫師的丈夫，但那次他主動關心我是因為晨會報告到我所以才來關心（他說的）。後來想想，從加護病房那時候我發高燒四次，而且都很嚴重，可見自殺對身體是件非常大的傷害。

　　從發燒後我就拒食拒水，一周瘦八公斤，後來只好打營養針，結果有次出動了四位護理師幫我找血管，用了兩小時終於打上，我跟護理師說對不起，結果她回我，要道歉的是妳自己，妳把自己用成這樣子。從那次以後那位護理師對我很失望，以前住院她都會跟我討論事情，現在變超兇的。

　　就這樣度過七十天，只能出院啦！因為我不願轉院，醫師只好說，要不幾週後再去住，可是一出院我爸就把我接到新北跟他住了，剛開始我們為著看哪個醫師吵架，明明出院前父親同意我到中國醫台北分院看我以前的王醫師（台中本院、台北分院、新竹分院王醫師都有診，目前為新竹分院主任），結果我爸要我去淡水馬偕看，最後，剛開始我還是給王醫師看，即使真的離家裡很遠捷運還要轉車，可是武漢肺炎疾管，王醫師只能待在新竹看診，我才改到馬偕看診。

休學，作文得獎並擔任志工

　　大學學姐通知我，說我作文得獎了，那是美和四技一年級跟五專四年級都必須參加的，其他年級自由參加，要先給中文教授看過，好的才會送件，主題是「美和新五倫：服務、慈悲、欣賞、尊重、包容」，真正課堂在寫的時候老師說只要其中一個條件就行了，但我還是五個都寫了。我寫了兩次志工經驗，一個寫中國醫當服務教育學生，一個寫我去黃竹國小的一個偏鄉小學服務，而且還從當中欣賞到他們知足常樂的道理。就這樣徵文得名了，拿到了大學第一張獎狀。

　　到新北後我曾跟我爸提打工，那時他不允許，後來我就去報名市立圖書館志工，我一個月只要值班二到三次就好。後來我去衛生所，個案護理師發現我之前曾在中國醫服務過（我出院時廖醫師有請社工通報相關單位，所以衛生所護理師、社會局關懷員、衛生局護理師、社會局社工有時都會打電話關心），所以她提議讓我去衛生所兒科門診時間協助，護理長也同意，後來除了基本測量、填病歷，寶寶手冊也會另外讓我協助早療評估。

　　下午在到辦公室完成早療登入衛生局，剛開始其他護理師學姊會問我有沒有問題，會不會太累之類的問題，他們只知道我有護理背景，卻不知我以前其實是讀電腦軟體跟商務的。我後來都跟他們說門診我OK，之前待過中國兒醫，現在人數差遠了，登入資料我專長，我之前高職訓練過。我把堆了好幾個月的早療資料，不管衛生所、幼兒園、托嬰中心、國小的資料全都key完

了，所以最近開始涉及到長春保健的部分。

　　這個月還有長庚來實習，我協助教導嬰幼兒測量、早療部分，雖然我學的比他們少，可是實作經驗可不少，所以才有機會教他們，而他們的老師也會跟我請教早療評估相關問題。

經濟無援輟學再當志工

我從小就被安排做諮商輔導，一直到大學都有，可是我很少真正談心，但我後來每週都必須到馬偕的自殺防治中心做諮商，我第一次遇到可談心的心理師，才覺得心理諮商確實重要。

雖然目前無法完成課業，其中原因包括沒錢繳學費、宿舍費、雜費，讓我很感慨，但往好處想，要不是我目前遇到這問題，就不可能在這段期間學習到諮商的重要、到衛生所上班（有點像實習，因為不是正職人員，也沒薪水，但也不算志工，因為我沒有排班問題），還有圖書館志工（跟國小經驗幾乎都不同）的體驗。

這陣子我觀察周遭，其實有人比我還更慘，但他們反而不斷的鼓勵我，所以我希望這本書能鼓勵其他人或者病友，跟我一起面對疾病，即使有時很無力，但別氣餒，因為還有很多意想不到的事物等著我們去經歷，去改變，德雷莎修女曾說過：「要讓油燈不滅，就必須不斷加油。」你我共勉之。

◆ 第二篇 ◆

淺介躁鬱症與其他精神疾病

躁鬱症及其他精神疾病，如果能理解它，
便能與它和平共處。

淺介躁鬱症

何謂躁鬱症

　　過低的情緒帶給人們痛苦，過高的情緒也會帶來痛苦，倘若時間不長，尚可以接受；倘若持續太久，那就變成一種「疾病」了。躁鬱症全名為「狂躁抑鬱症」是交替出現躁症發作（manic episode）與鬱症發作（major depressive episode）兩種極端的情感反應，其強度與持續時間，比一般人平時的起伏要大且長，因此躁鬱症又名「雙極性情感疾患」（bipolar disorder，簡稱BDP）或「雙相情緒障礙症」，男性與女性發病率大致相同。其病因如下。

1.遺傳因素

　　躁鬱症為目前被認為是遺傳性最高的精神疾病。外國學者伯特森及普賴斯皆有做過相關研究統計。

2.生物化學因素

A.體液電解質不平衡

　　研究發現患者鈉離子在神經細胞裡的濃度比正常人大200%，需服用鋰鹽，使細胞內Na^+濃度降低以改善躁症狀態。

B.單胺基假說（monoamine hypothesis）

　　主要是兒茶酚胺分泌過多或是被活化，所以服用鋰鹽抑制釋放以及使其再吸收，改善狂躁症狀。

C.大腦中的精神傳導物質不平衡

與正腎上腺素（norepinephrine）、多巴胺（dopamine）及血清素（serotonin）等功能異常有關。

3.身體性因素

A.身體疾病

任何身體疾病，不管是急性或慢性皆有可能引發。

B.藥物

有些藥物（類固醇、酒精、麻醉劑等）會引發續發性（又稱外因性）之躁症發作。

C.生理節律改變

易發作於生產前、生理期前、季節交換時（有些患者在3至4月桃花盛開的時候容易發病，所以又稱「桃花癲」）等。

4.心理因素

精神動力學認為躁鬱症患者比較容易用不當的防衛轉機。如下：

A.否認（deny）

用來逃避心裡不想面對的事物。

B.反向（reaction formation）

用相反的情緒來面對外界人事物，以躁症的行為來掩蓋內心真正的感受。

5.社會、文化因素

社會文化等環境因素是躁鬱症發作或疾病復發的主要原因之一，例如生活壓力。有研究指出躁鬱症和思覺失調症以及其他精神病比較，社會經濟地位較高。

鬱症先前症狀

1.持續悲傷，一天中大部分時間都很憂鬱。

2.易怒或異常焦慮、心神不寧。

3.對過往愛好的活動無感，生活失去興趣。

4.體重減輕或增重，不經意變瘦或不自覺過量飲食發胖（憂鬱症患者腦中血清素接受氣5HT-2C與食慾有關）。

5.失眠或嗜睡。

6.疲累、失去活力，說話、身體動作可能變緩慢。

7.精神不集中、注意力減退、容易猶豫。

8.極端情緒改變，短期內一下子從喜悅換成絕望。

9.無助感、對生活與未來感到無望，並且悲觀。

10.無價值感或無端產生罪惡感，認為自己是別人的負擔，做錯事情、對不起他人。

11.有反覆死亡念頭，可能會出現「如果死了就解脫了」的想法，患者常聯想個種有關死亡的話題。

躁鬱症治療方式

1.藥物治療

　　鋰鹽是最主要的治療藥物，通常60～80%個案都有很好的效果，除了鋰鹽還會併用其他抗癲癇藥物，如果對鋰鹽過敏或效果不好的個案，可考慮使用 Valproate（ Depakine ）或 Carbamazepine（ Tegretol ），假如是在急躁期會合併抗精神病藥物來控制情緒激躁。鬱症治療以抗鬱劑為主，通常要經過四

個星期，情緒才會顯改善，但不要因好轉擅自停藥。

2.電氣痙攣療法（electroconvulsive therapy; ECT）

又稱電器休克療法（electric shock therapy; EST）或電器昏迷療法（electric coma therapy），是將電流通過腦部使病人產生暫時的意識昏迷和全身痙攣，以達到改善精神症狀的效果。

3.光照治療法（Phototherapy）

光照治療副作用低，安全性高，是以生物時鐘為基礎的一種機體治療，經由眼睛對光的照射反映達到效果，為藥物治療的輔助療法，也可單獨作為治療方式。

4.心理治療

泛指應用心理學原理與方法，協助人類面對及適應生活困境或增進自我的了解與成長。多半使用在緩解期，心理治療依治療時間分為長期性、短期性、間歇性治療；依治療對象分為個別心理、團體心理、家庭、婚姻治療；以及依治療目標分為支持性、分析性、訓練性心理治療。

5. 跨顱磁刺激（transcranial magnetic; TMS）

2018年台灣也通過TMS使用，為國人帶來新的治療選擇。TMS則是「針對腦部的物理治療」。TMS則對於思考與動力症狀效果特別好，速度又較快。TMS除了少數患者會頭痛外，沒有太大副作用。唯一要注意的是TMS有極小機率會誘發癲癇，須經醫師謹慎評估方可施行。

幫助「患者」適應社會、面對生活的方式

1.改善生活環境

不良的環境能導致生活品質變糟，健康也跟著影響。從「孟母三遷」的故事，我們可以知道生活環境的重要，患者應找一個適合自己的地方去生活，譬如患者易感到焦躁不安，則不宜太過吵雜的環境如：菜市場、都市鬧區，反之易憂鬱的患者適合居住在有人關懷，常舉辦活動的社區。

2.適度揭露與分享

人的情緒就像壓力鍋，壓力過大或溫度過高（如生氣）時就會一次排出，但人不管生理或心理久了就會承受不住，應該找個信任的人揭露心裡的想法或情緒，如不信任任何人可以找別的方式舒壓。

3.找出人生的價值與被關懷的感覺

馬斯洛的需求理論第三層就表達了「被愛和歸屬需求」，提示了這是人的基本需求，我們要去尋找並且了解世上是溫暖的。

4.尋求專業人員提供支持與協助

當我們感到情緒或精神狀態不對勁的時候，就可以尋求諮商師、輔導師或精神科醫師的協助，找到原因，並且改善甚至接受治療。

5.多跟人相處

人類是群體動物，生活在同個環境，必然會遇到需要互助的時候，而人際相處能讓人更加融入生活。

6.發覺內在優勢

「天生我材必有用」，每個人生下來一定有特別的才能，有人小時候就發現了，有些人成年了才發現，更有人老了才找到，所以我們要去尋找自己的優勢，找到了就善用它，發揚它，找出人生價值。

7.固定做運動

前面提到躁鬱症的病因之一跟內分泌失調相關，運動能刺激腦內啡、多巴胺等激素分泌，這些激素能改善負面情緒，達到療效。

8.減少生活壓力

躁鬱症患者只要遇到過多的壓力，就非常有可能併發疾病，每增加一次病發，發病率就會提高，所以應減少生活中的壓力，降低發病可能性。

9.面對疾病

當我們得到任何疾病，都應該找到對的方法去跟疾病相處，才會對心理或生理有好的交待，進而改善症狀。

10.配合治療

任何疾病都應配合治療，才會達到最佳療效，尤其精神科疾病屬於不能治癒，但能控制的疾病，如不照醫囑做，將會造成不可想的後果。

幫助「患者家屬」適應社會、面對生活的方式

1.面對現實，不要有罪惡感

有些家屬會責怪自己，認為事先沒做好，導致患者發病，但這心理認知反而在患者有問題時無法做出確切的規範及合理期待。

2.所有家人應該共同負起責任，分擔照顧工作

不要把照顧責任集中給一人承擔，家人應一起討論和訂定照顧計畫。重點是家人對患者不同的期望要協調好，以免引起不必要的衝突。

3.認識並妥善應用社會資源

當家人為精神疾病患者，應多運用社會資源，如衛生所的公共衛生護理師、社會局社工員，還有醫院、診所的精神科門診、民間團體等，以便更有效的協助患者的病情。

4.主動參與醫院及其他相關機構的家長活動

應盡量參加家屬活動：例如座談會或演講，不但可學習照顧患者的方式，透過有組織的團體，家屬可認識其他家庭，分享經驗和心得，同時可討論如何為患者爭取各種權益與福利，提升照顧的信心及能力。

5.爭取親友鄰居的支持

患者正被疾病纏身的家人，需要愛和關懷，家屬不要因有個精神病患者感到羞恥或害怕，可主動告訴親友鄰居病情，讓他們了解，進一步得到支持與接納。

6.和病人一起努力，常能改變無助與失望的感覺

接納患者病況，不要過度保護患者、干涉或批評患者，同時可讓患者承擔更多的責任義務，如做家事，讓他在能做的事得到成功與滿足的經驗。

7.照顧您自己

家屬一定要照顧自己健康，維持平靜的心情，才有辦法照顧患者，當情緒不好時，不妨找一位信得過的親友傾訴，紓解心中困境，也可參加康復之友協會或聯誼會，當看到很多人與你的處境相同，就不再有強烈的孤獨。

心理治療

心理治療是一個醫學上的名詞，以精神病理的觀點切入，必須透過治療者的角色來加以協助；心理諮詢：諮詢者主要是扮演一個類似教育者的角色；心理諮商：諮商員提供資訊、建議，角色較像是一位陪伴、引導及啟發個案的老師。心理諮詢及心理諮商的歷程較短。心理諮商師使用較多的技巧，包括提供資訊、傾聽及說明；而心理治療師會使用較多傾聽的技巧，其次為發問及支持，改善個案認知、情感或行為的功能，促進個案正向人格成長與發展。

穩定服藥

　　精神科藥物可協助患者穩定情緒，減少幻覺的不合理想法、錯誤信念、妄想等症狀出現。長期且規則的服藥可使患者表達能力改善、注意力集中，與親友、同仁的衝突減少，且可預防疾病復發，若自行更改藥量或停藥，可能需花更多時間調藥才能穩定病況，造成醫療與社會成本問題。

　　根據文獻顯示，症狀穩定後，若不服藥，一年內再發比率超過75%，兩年內再發比率超過90%，所以不要自行停藥，藥物減量太多或擅自停藥，容易引發戒斷症狀，同時，不同藥物也會因當事人的服用時間及個別狀況而有所不同，檢藥的量及速度也不同，務必按時回診、服藥，在專業醫師評估下慢慢減量。

精神危機處理

危機的定義

當個人面對壓力事件，無法以慣用的因應方式來處理時，會導致焦慮升高，因而形成一種混亂的感覺及情緒反應。

危機的特性

1. 自然的生活現象與生命的必經過程，不一定是情緒困擾或精神疾病。
2. 由特殊事件引發。
3. 具個別性。
4. 會導致強烈的情緒、認知與行為反應。
5. 為短暫的一個情境。
6. 處理方式可能有效，也可能無效。

約束

為維護個案及他人的安全，避免發生傷害使用約束帶固定個案。

監護隔離（保護室）

將個案隔離於單獨房間，提供保護性環境，以維護個案及他人安全，避免發生傷害。

酒精成癮遺傳

「酒癮的遺傳率非常高，國外有研究發現，酒癮有54～64%來自先天體質。」臺北市立聯松德院區成癮防治科主任黃名琪說，酒癮的遺傳和許多基因有關，並非單一基因，酒癮患者的後代也染上酒癮的比例，遠高於非酒癮患者的後代。

注意力不足過動症臨床特徵

持續性的注意力不足、過動、衝動。學齡前其主要特徵為過動；進入國小後，以持續性的注意力不足較明顯；在青少年時期，常出現的是抖腳、以手指敲桌子、內在感到靜不下來或不耐煩。

後記

　　現在在衛生所做志工（後來護理長協助我完成受訓，我以前一直報名不到課程）及早療協助（很感謝衛生所幫我爭取到完成個案所擁有的津貼），同時很努力當個「好學姊」，因為我一直記得最後一次住院的出院當天中國醫護生寫信給我，我不是她個案，但她表示觀察我感覺我應該是屬於很上進的人，尤其我有很多證照。我當時跟她說想當她學妹，她跟我說，很高興我認同她，她會那樣是因為當護生時有不錯的老師及學姊，所以她能充實學習，希望我出院也能做個好學姊。

　　雖然沒有回到大學當學姊，但很幸運地衛生所有長庚的護生，因為不知醫護環境加上老師跟他們說我是學姊，所以她們都叫我學姊（醫護界是先進那個環境的，或認為對方比較有經驗的，都會尊稱學姊，前面有提到），但我最後都會澄清我比較小但實作經驗確實較多，所以叫我什麼我不會在意。我也把我之前不管在中國醫做的教育學程，或在學校等處認為不錯的方法，或我覺得學姊不錯的地方學起來，也對他們這麼做，也教他們技巧等等，而不是傳說中的學姊一樣會刁難之類的。

　　之後我也繼續在圖書館做志工，同時持續在生活用品店上班（後來受肯定也調到別家分店支援，老實說，剛開始總店長沒跟我說明清楚，我還以為原本的主管受不了我了勒），也嘗試各種治療，未來都還是未知數，只能說盡力做就對了，王醫師也說，不只要盡力還要盡能力所為。

謝詞

　　首先，我想感謝這十幾年生活中照顧我的大姑姑，在學校中教導我的所有老師，去年我還寫了五十幾封教師節賀卡，主要是想表達感謝他們的師恩，其中最感謝林益生老師，要不是他建議我把事情記錄下來，我可能就只有曾經想寫書的念頭，沒有那股動力，還有不斷鼓勵我的陳玟岑姊姊，他跟益生老師目前都正在努力抗癌中，卻反而是我被鼓勵、被開導。

　　還有親友們偶而傳來的鼓勵訊息，以及目前我自殺防治中心的個案諮商師蔡惠貞姊姊，五股衛生所個案護理師林學姊、胡護理長、朱主任、衛生所的每個人，還有衛生局林小姐關懷員；感謝曾經輔導過我的輔導員、心理師，在醫院照顧我的醫師、護理師、實習醫師、護生，還有一堆從國小到大學的學長學姊支持我陪伴我，以及在我剛陷入精神疾病漩渦中拉住我的賴瑩臻、王品軒、李怡萱、葉哲維、蔡惠瑩、林育生，大學同學洪曉郁、張乃予、吳典恩、室友施均錡、陳儀君、蕭如君，還有三元補習班的人。

　　感謝我所遇到的一切人、事、物，因為有你們才有今天的我。這本書並不是我一寫完就出版，因為我卡在出版費，我感謝那些默默用匯款捐贈的人及我在店內直接捐贈的支持者。其中彭小姐也是護理師，她替我感到開心，馬上說會匯款給我；蔡先生是病友所以能體會，而他現況較好，能鼓勵我，我們那天也聊了很多，真心覺得不虧是病友。

還有衛生所認識的通譯員清水幫助我，以及志工大姊陳麗如直接贊助一大筆錢，我才能快點出版，不然我光靠薪水，也要好久，謝謝妳們。也要感謝一些教授同意我引用一些學術資料。

　　最重要的人是照顧我十二年的大姑姑張麗霜，沒有她嚴格的管教，我今天在外面就不會有這麼好的表現。

長庚護理系護生們寫給我的信

辯證行為日誌卡

胃出血住院，李校長探病

中國醫服務

至市政府受獎

大學生理實驗課解剖青蛙，我主刀

我與高三補習的基護老師林惠英老師

護理長推薦函

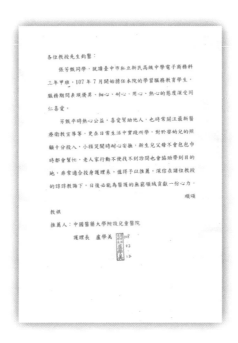

國小市長獎照（右二為李柔，我在中間）

準備考揚琴的我

大學學中國笛的我

小時候在家讀書的樣子

去黃竹國小做社福員

姑姑放在紅包裡的小紙條

參考文獻

1. 陳俊欽（2002），**戰勝躁鬱症**，台北市，健康文化。

2. 許添盛（2015），**躁鬱症跟你想的不一樣：情感性疾患的身心靈整合療法**，新北市：賽斯文化。

3. 蕭淑貞等作（2015），**精神科護理概論：基本概念及臨床應用**，台北市：華杏。

4. 黃宣宜等編（2015），**最新精神科護理學**，台北市：永大。

5. 黃宣宜等邊（2015），**新編精神科護理學**，台北市：永大。

6. **持續服用精神科藥物的重要性**（2018），2020年5月24日，取自 https://reurl.cc/R42ZMe 。

7. **被酒精綁架的台灣／酒癮會遺傳，酒量好更要當心**（2016，曾慧雯），2020年5月24日，取自 https://www.commonhealth.com.tw/article/article.action?nid=72982 。

8. **認識憂鬱症前兆：憂鬱症怎麼辦？不吃藥能自我治療嗎？**（2018，陳俊旭），2020年5月24日，取自 https://www.edh.tw/article/10592 。

9. **精神病人家屬的角色與情緒之調整**（2018，中醫大附設醫院網站），2019年5月24日，取自 https://www.cmuh.cmu.edu.tw/HealthEdus/Detail?no=5392

10. **憂鬱症該如何治療？醫師完整解析最新TMS腦刺激治療科技**（2020，振芝心身醫學診所），2020年5月24日，取自 https://reurl.cc/1x85AX

國家圖書館出版品預行編目資料

人生途中總有貴人：我用護理學了解自己／
張芳甄 著. 一初版.—臺中市:白象文化,2021.1

ISBN 978-986-5559-40-3（平裝）

1. 張芳甄 2. 自傳 3. 臺灣

783.3886   109017985

人生途中總有貴人：我用護理學了解自己

作　　者　張芳甄
校　　對　張芳甄、林金郎
專案主編　陳逸儒
出版編印　吳適意、林榮威、林孟侃、陳逸儒、黃麗穎
設計創意　張禮南、何佳諠
經銷推廣　李莉吟、莊博亞、劉育姍、王堉瑞
經紀企劃　張輝潭、洪怡欣、徐錦淳、黃姿虹
營運管理　林金郎、曾千熏
發 行 人　張輝潭
出版發行　白象文化事業有限公司
　　　　　412台中市大里區科技路1號8樓之2（台中軟體園區）
　　　　　出版專線：（04）2496-5995　　傳真：（04）2496-9901
　　　　　401台中市東區和平街228巷44號（經銷部）
　　　　　購書專線：（04）2220-8589　　傳真：（04）2220-8505
印　　刷　基盛印刷工場
初版一刷　2021 年 1 月
定　　價　120 元